AF123147

Meinem Sohn Stefan gewidmet, dem ich herzlich danke.

Ellen Schwarzburg-von Wedel

Das Häschen und die Rübe

Ein chinesisches Wintermärchen
neu erzählt
mit Bildern und Gebärden

von Loeper Literaturverlag

Die Deutsche Bibliothek – CIP Einheitsaufnahme

Ein Titeldatensatz für diese Publikation ist bei
Der Deutschen Bibliothek erhältlich

Gehen Sie uns „ins Netz"!
Besuchen Sie uns im Internet unter
www.vonLoeper.de

Gerne senden wir Ihnen kostenlos ausführliche Informationen
zu unserem Verlagsprogramm zu und informieren Sie regelmäßig über
wichtige Neuerscheinungen zum Thema. (Adresse siehe unten)

Wichtiger Hinweis:

Ausführliche Zusatzinformationen zu diesem Buch,
Hinweise zur Autorin, wichtige Links und weiteres Bonus-Material
finden Sie im Internet unter
www.gebaerden-forum.de

Originalausgabe

3. - 2.. Auflage 2014 - 1T-0414-Pr
© 2008-2014 by von Loeper Literaturverlag
im Ariadne Buchdienst, Karlsruhe

Gesamtherstellung und Vertrieb: Ariadne Buchdienst, Daimlerstr. 23, 76185 Karlsruhe
Tel.: (0721) 46 47 29-0 - Fax: (0721) 46 47 29-99
E-Mail: Info@vonLoeper.de
Internet: www.vonLoeper.de

ISBN 978-3-86059-189-5

HÜGEL   FELD   SCHNEE
BERG

Auf allen Hügeln und Feldern
lag hoher Schnee

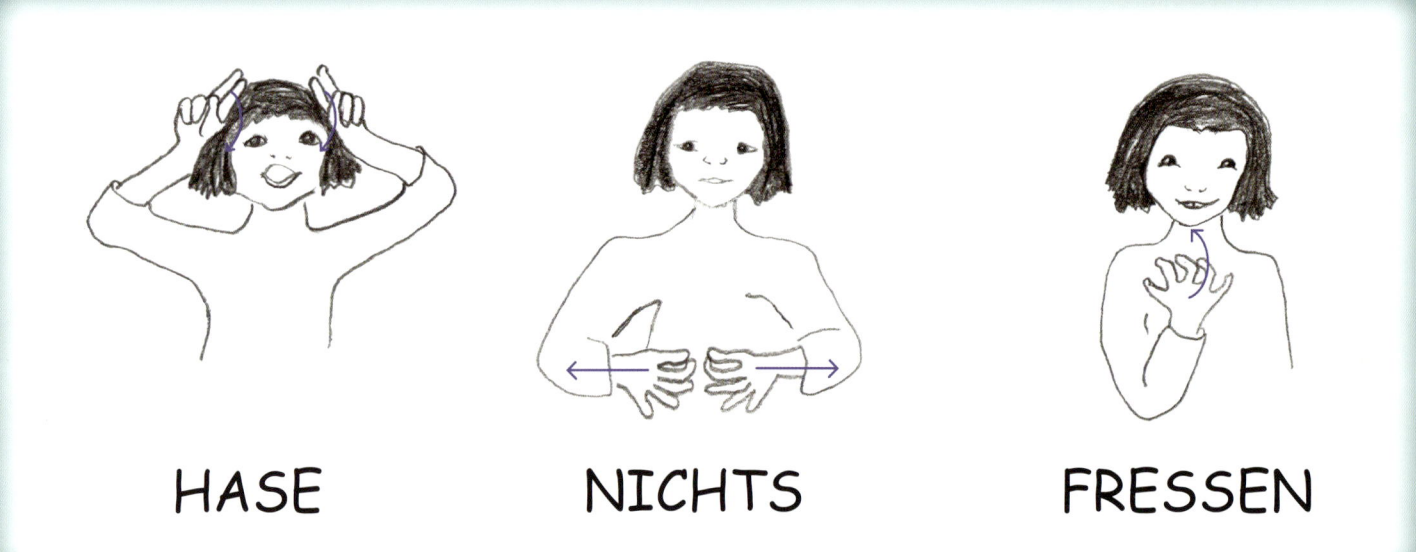

HASE NICHTS FRESSEN

und der kleine Hase hatte nichts zu fressen.

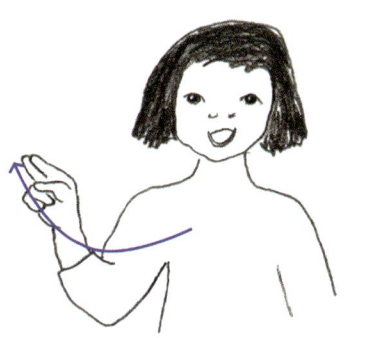

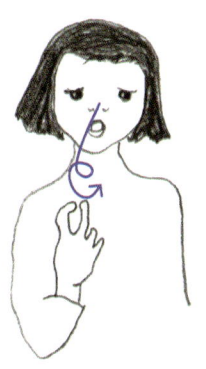

FORTGEHEN   **FUTTER**   **SUCHEN**

Er ging fort, um nach Futter zu suchen.

FINDEN   RÜBE   KALT   BRINGEN

Da fand er zwei Gelbe Rüben. Er fraß eine Rübe und sagte: „Es schneit so sehr, und es ist so bitter kalt, gewiss hat der Esel nichts zu fressen, ich will ihm die Rübe bringen."

HAUS   NICHT   DA   HINLEGEN

Er nahm die Rübe und brachte sie zu Eselchens Haus,
aber Eselchen war nicht zu sehen.
Da legte er die Rübe hin und hoppelte wieder nach Hause.

ESEL   FUTTER   SUCHEN

Auch der Esel war ausgegangen, um nach Futter zu suchen.

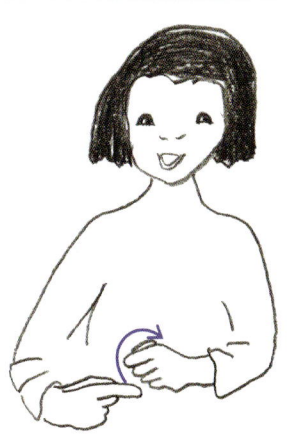

FINDEN   **KARTOFFEL**   **ZUFRIEDEN**

Er fand ein paar Kartoffeln
und ging zufrieden nach Hause.

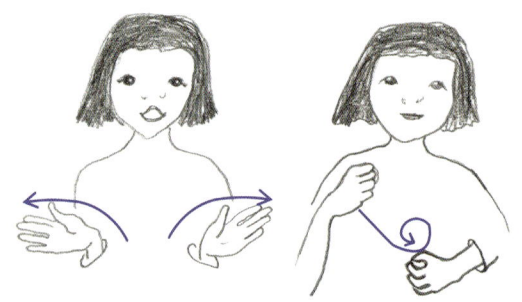

**(TÜR)
AUFMACHEN**

**SICH
WUNDERN**

WAHRSCHEINLICH

Als er zu Hause die Tür öffnete, sah er die Rübe. „Wo mag nur die Rübe her sein?" Der Esel wunderte sich. Dann fraß er die Kartoffeln und sagte: „Es schneit so sehr, und es ist so bitter kalt, gewiss hat Lämmchen nichts zu fressen, ich will ihm die Rübe bringen." Er trug die Rübe zu Lämmchens Haus, aber Lämmchen war nicht da. Da legte er die Rübe hin und ging wieder nach Hause.

SCHAF   AUSGEHEN   BAUM

Auch das Lämmchen war ausgegangen, um nach Futter zu suchen.

KOHLKOPF   HÖHLE   LEER

Es fand einen Kohlkopf und ging zufrieden nach Hause.
Als es zu Hause die Tür öffnete, sah es die Rübe.
„Wo mag nur die Rübe her sein?" Lämmchen wunderte
sich. Dann fraß es den Kohlkopf und sagte: „Es schneit
so sehr, und es ist so bitter kalt, gewiss hat der Bär nichts
zu fressen, ich will ihm die Rübe bringen." Es nahm die
Rübe und brachte sie zur Bärenhöhle, aber die war leer.
Da legte es die Rübe hin und ging wieder nach Hause.

BÄR   BLATT

Auch der Bär war ausgegangen, um nach Futter zu suchen. Er fand ein paar grüne Blätter und ging zufrieden nach Hause. Als er zu Hause ankam, sah er die Rübe. „Wo mag nur die Rübe her sein?"
Der Bär wunderte sich. Dann fraß er die grünen Blätter und sagte: „Es schneit so sehr und es ist so bitter kalt, gewiss hat der Hase nichts zu fressen, ich will ihm die Rübe bringen."

NEHMEN   **MOND**   **LEISE**

Er nahm die Rübe und ging zu Häschens Haus.

SATT   SCHLAFEN   NICHT   WECKEN

Aber Häschen hatte sich satt gefressen, war zu Bett gegangen und schlief. Der Bär wollte es nicht aufwecken und legte darum die Rübe leise hin und ging wieder fort.

AUFWACHEN   FREUND   GUT SCHMECKEN

Als Häschen aufwachte, rieb es sich verwundert die Augen:
Die Rübe war wieder da! „Wo mag sie nur her sein?"
Häschen wunderte sich. „Die hat mir sicher ein guter Freund gebracht."
Dann aß es die Rübe und sie schmeckte sehr gut!

Hinweise zu diesem Gebärden-Bilderbuch

Mit diesem Gebärden-Bilderbuch erzählen wir Kindern eine Geschichte von Freundschaft, friedlichem Zusammenleben und von Genügsamkeit. Angeregt durch Bilder und Text können die Kinder bei aller äußeren Kälte die innere Wärme selbst erschließen. Das soll sie bestärken in ihrem Wunsch, mit Sprache und Schrift umzugehen. Die jungen 'Leserinnen' und 'Leser' werden in eine fiktive Welt eingeführt und dabei in ihrer Sinnfindung dreifach unterstützt: durch Bilder, durch Worte und durch Gebärden. Die Lautsprache Unterstützenden Gebärden (LUG) sollen dem Kind das Verstehen der Sprache erleichtern. Während des Vorlesens werden die wichtigen Schlüsselbegriffe vom vorlesenden Erwachsenen gleichzeitig gebärdet. In vielen Gebärden ist der Sinn noch unmittelbar leiblich nachvollziehbar und damit erkennbar, denn ihre Bildhaftigkeit und Bewegtheit kommt dem kindlichen Verstehen sehr entgegen. Die Gebärden werden vom Vorlesenden viele Male wiederholt und können allmählich vom Kind übernommen werden. Sie werden diesem aber nicht abverlangt. Eine Gebärde trägt ihren Sinn nicht nur durch die Handform, die Handstellung und Bewegung, sondern auch durch die begleitende Mimik. Da die Gebärden aber die gesprochene Sprache begleiten und damit ihren Erwerb unterstützen sollen, deutet in den Gebärdenbildern die Mundstellung auf das gleichzeitig gesprochene Wort hin. Darüber hinaus sollen die großen Druckbuchstaben ganz nebenbei das Merken erster 'Lesewörter' und erste Schreibversuche anregen. Es wurde versucht, die Gebärdenbilder so einfach wie möglich zu halten und auf zusätzliche Einzeichnungen zu verzichten. Deshalb werden die Gebärden hier auf den folgenden Seiten noch einmal aufgelistet und kurz beschrieben. Die Gebärden beziehen sich überwiegend auf den Text, es werden aber auch einige zusätzliche Gebärden angeboten, damit die Bildbetrachtung mit dem Kind erleichtert wird. Alle Gebärden basieren auf dem Gebärden-Lexikon von G. Maisch und F.-H. Wisch, Hamburg 1998 (jetzt ebenfalls von Loeper Literaturverlag, Karlsruhe). Weitere Hinweise zur Verwendung der Gebärden und zu weiterführender Literatur finden Sie im Internet unter: www.gebaerden-forum.de

Liste der verwendeten Gebärden

aufmachen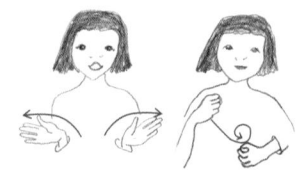
(Tür) auf: Die geöffneten Hände werden vor der Brust mit Handgelenkdrehung nach außen geklappt.
machen: Die Handkante der rechten Faust schlägt zweimal kreisförmig auf Daumen und Zeigefinger der linken Faust.

aufwachen
Zunächst berühren sich Zeigefinger und Daumen der rechten Hand neben den Augen (geschlossene Augen). Dann öffnen sich Zeigefinger und Daumen (wach, munter, aufmerksam).

ausgehen
auch: zurück, weggehen. Zunächst wird der Arm nach innen gebeugt, dabei zeigt der Handrücken nach außen. Dann bewegt sich der Unterarm mit Handgelenkdrehung nach rechts zurück.

Bär
Die offenen „Krallhände" gehen im Wechsel nach unten: „setzen die Tatzen auf".

Baum
Der rechte Unterarm 'steht wie ein Baumstamm' auf dem linken Handrücken und dreht im Handgelenk hin und her.

Blatt

Die Zeigefinger ahmen die Blattform nach.

bringen

auch: liefern, befördern, transportieren. Beide Hände werden mit der Handfläche nach oben vor dem Bauch parallel nach vorne rechts geführt.

da

auch: anwesend, ankommen. Die offene, flache Hand wird kurz nach vorne gestreckt.

Eimer

Doppelgebärde: 1. Der Zeigefinger deutet die Öffnung des Eimers an.
2. Die Faust zieht zweimal kurz nach oben.

Esel

Die geöffneten Hände liegen mit den Handkanten nach außen am Kopf an und werden zweimal in der Mitte nach vorne abgeknickt: 'Eselsohren'.

Feld  *auch: Farm, Landschaft.* Die geöffnete Hand wird im leichten Bogen nach vorne außen geführt, dabei liegen die Finger aneinander und der Handrücken zeigt nach oben: 'Ausdehnung'.

finden  *auch : Fund, Finder, Ausnahme.* Zeige- und Mittelfinger berühren sich und ziehen nach oben: 'etwas finden und hochhalten'.

fressen  Die 'Krallhand' ist zunächst offen, wobei aber die Finger gekrümmt sind. Sie wird zweimal zum Mund geführt und dabei zur Faust geschlossen.

Freund  *auch: Freundschaft, vertragen, gratulieren.* 'Hände schütteln'.

Hase  Die Hände liegen am Kopf, die Handkanten zeigen nach außen. Zeige- und Mittelfinger kippen zweimal nach vorn: 'Hasenlöffel'.

Haus  Die geöffneten Hände ahmen die Dachform nach.

hinlegen  Die offenen Hände legen mit der Handfläche nach oben etwas nach rechts.

Höhle  *Diese Gebärde ist zusammengesetzt:* Zuerst umfahren die offenen Hände den Höhleneingang. Dann 'bohrt' der rechte Zeigefinger den Höhlengang. Dabei bleibt die linke Hand ruhig.

Hügel, Berg  Mit der Handkante nach oben wird die Bergkuppe nachgeahmt.

Hunger  *auch: hungrig und hungern.* Die offenen Hände mit Handteller oben werden vor dem Magen schräg nach innen unten geführt: 'leerer Magen'.

kalt  *auch: Frost, frostig.* Die Hände sind gefaustet, die Handteller zeigen nach vorn. Von den Schultern abwärts werden die Fäuste schnell nach vorne innen bewegt. Dabei drehen sie sich in den Handgelenken, so dass die Handkanten zuletzt nach vorne zeigen.

Kartoffel  Der rechte Zeigefinger 'schält' zweimal am linken unbeweglich gehaltenen Handrücken.

Kohl  Die geöffneten Hände umfahren den Kohlkopf.

Lamm, Schaf 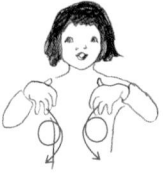 Die locker geöffneten Hände kreisen gegeneinander nach unten: 'Schafwolle'.

leer  Die rechte Handfläche reibt kreisförmig auf der linken ruhig gehaltenen Handfläche.

leise  *auch: Schweigen, stumm, still.* Der Zeigefinger wird schnell an den Mund geführt.

Mond  Zeigefinger und Daumen öffnen und schließen sich wieder und fahren dabei die Mondsichel nach.

nehmen  Daumen und Zeigefinger schließen sich zum Körper hin.

nicht  *auch: niemals, nie, verboten.* Bei gefausteter Hand, Handrücken oben, zieht der Zeigefinger vor der Brust nach rechts: 'Verneinung'.

nichts  Daumen und Zeigefinger der geöffneten und gespreizten Hände berühren zunächst einander und gehen dann auseinander.

Rübe  Der rechte Zeigefinger 'schabt' zweimal am linken Zeigefinger.

satt  Die Finger der offenen Hand werden von unten gegen das Kinn geführt: 'bis oben voll'.

schlafen  *auch: Schlaf.* Die Wange liegt auf der geöffneten Hand.

schmeckt gut  Die geöffnete Hand schlägt zwei- oder dreimal gegen die Brust.

Schnee  *auch: schneien.* Die Hände sind geöffnet, die Finger sind gespreizt. Mit Fingerspiel werden die Hände langsam nach unten bewegt: 'Schneeflocken fallen'.

sehen

auch: schauen, Sicht. Die gespreizten Zeige- und Mittelfinger werden von den Augen nach vorne geführt: 'sehen mit den Augen'.

sich wundern

auch: erstaunen, Verblüffung. Neben den Augen öffnen sich Zeigefinger und Daumen: 'Augen aufreißen'.

Stein

auch: hart, steinig, vermasseln. Die Handkante der rechten Faust schlägt 'wie ein Stein' im Bogen über den Zeigefinger der linken Faust.

suchen

Der Daumen liegt auf Ringfinger und kleinem Finger, der Zeigefinger und der Mittelfinger sind gekrümmt. So wird die Hand vor der Nase abwärts geführt und kreist dann vorne: 'Augen schauen überall hin'.

wahrschein-lich

auch: vielleicht, heikel, ungefähr, womöglich, zweifeln. Die gespreizten Hände werden mit Handgelenkdrehung vor der Brust hin und her bewegt. Der Handrücken bleibt oben.

wecken  Die gefaustete Hand wird mit der Handkante nach außen zeigend zweimal kurz nach vorn geführt: 'jemanden wachrütteln'.

woher  Die offene Hand wird mit der Handfläche nach oben im Bogen herangezogen und gekrümmt, dabei bleibt der Daumen abgespreizt.

zufrieden  *auch: hübsch, freundlich*. Daumen und Zeigefinger schließen sich zunächst um das Kinn und gehen dann bei der Abwärtsbewegung zusammen.

Über die Autorin

Ellen Schwarzburg-von Wedel, geboren 1943 in Breslau, ist verheiratet und hat drei erwachsene Kinder.

Als Grund-, Haupt-, Real- und Sonderschullehrerin hat sie viele Jahre lang Kinder und Jugendliche unterrichtet und vor allem auch sprachtherapeutisch betreut. Seit 1995 war sie Dozentin der Pädagogischen Hochschule Ludwigsburg. Sie hat an der Fakultät für Sonderpädagogik in Reutlingen in den Fachbereichen Körperbehindertenpädagogik und Geistigbehindertenpädagogik den Schwerpunkt Sprache und Kommunikation vertreten. In dieser Zeit sind zahlreiche Veröffentlichungen zur Unterstützten Kommunikation, zum Bilderbuchlesen und zum Schriftspracherwerb unter besonderen Bedingungen erschienen. Im von Loeper Literaturverlag liegt in gleicher Ausstattung vor: „Die kleine Eule und der Mond." Beide Gebärden-Bilderbücher sind aus der glücklichen Verbindung von Hobby und Beruf entstanden.

Seit vielen Jahren ist der von Loeper Literaturverlag *auf den Bereich Unterstützte Kommunikation und Gebärden spezialisiert. Hier erscheinen wichtige wissenschaftliche Werke zum Thema, Fachzeitschriften, Handbücher und Handreichungen für die Praxis. Weltweit erstmalig werden hier auch Gebärden-Liederbücher, Gebärden-Poster, Gebärden-CDs, Gebärden-Kalender und Gebärden-Bilderbücher verlegt. Einige Empfehlungen finden Sie auf den beiden folgenden Seiten. Weitere Informationen - auch zum Einsatz von Gebärden - sowie zusätzliche Literaturhinweise finden Sie im Internet unter www.vonLoeper.de oder unter www.gebaerden-forum.de*

Literatur- und Medienempfehlungen

Der Klassiker!
„Mit den Händen singen"
Gebärden-Liederbuch nach
DGS / SdmHa / MAKATON,
Großformat, spiralisiert.
Die schönsten und beliebtesten
Kinderlieder mit Noten, Text und
Gebärdenfotos!
ISBN 978-3-86059-138-3

„Jetzt geht's richtig los!"
Gebärden-Liederbuch
lieferbar in 2 Ausgaben:
nach DGS (ISBN 978-3-86059-180-2)
und nach SdmHa
(ISBN 978-3-86059-181-9)
Das Liederbuch für Kinder, Jugendliche
und alle Junggebliebenen!

**„Bis Weihnachten
ist's nicht mehr weit!"**
Die schönsten Advents- und Weih-
nachtslieder mit Gebärden! Lieferbar
in 2 Ausgaben:
nach DGS (ISBN 978-3-86059-182-6)
und nach
SdmHa (ISBN 978-3-86059-183-3)

Gebärden-Liederbuch
**„Häuptling sprechende
Hand"**
Neue, einprägsame Lieder
für die Wortschatzkiste
mit Gebärden nach DGS.
Alle Lieder zum Hören und
Mitsingen auf der beigefüg-
ten Audio-CD!
ISBN 978-3-86059-184-0

Kerstin Rüster/ Gotlind Kändler: **Marie im Kindergarten**
Ein Gebärdenbilderbuch mit Spielkarten

Im ersten Band dieser neuen Bilderbuch-Reihe wird Marie an ihrem ersten Kindergarten-
tag begleitet. An diesem Tag lernen die Kinder aus Maries Gruppe, sich mit Gebärden zu
verständigen. Ein neues aufregendes Spiel! Dieses Bilderbuch soll für Eltern, Großeltern
und ErzieherInnen Anregungen für den Einsatz von Gebärden im Alltag bieten. Spielerisch
können mit den Spielkarten Gebärden gelernt und eingesetzt werden.
32 Gebärden- und Situationskarten sowie Spielanregungen bieten einen vielfältigen Einsatz
weit über ein Vorlese-Bilderbuch hinaus! ISBN 978-3-86059-188-8

Drei Gebärden-Bilderbücher vom Autoren-team Ulrike Marohl, Tinka Lorenzen, Ute Münchberger:

Unser Tag, *Eine Gebärdenfibel für Kinder,* 94 S., kart., ISBN 978-3-86059-939-6

Anna und Tim beim Arzt, *Eine Gebärdenfibel für Kinder,*
86 S., kart., ISBN 978-3-86059-941-9

Neue Gebärden mit Anna und Tim, *Eine Gebärdenfibel für Kinder,* 94 S., kart.,
ISBN 978-3-86059-946-4

VON LOEPER LITERATURVERLAG
Daimlerstr. 23 - D-76185 Karlsruhe - Tel.: 0721-4647290
Fax: (0721) 46 47 29 99 - E-Mail: info@vonLoeper.de **www.vonLoeper.de**

Weitere Gebärden-Bilderbücher

Eine ganz neue Reihe moderner, liebevoll gestalteter Gebärden-Bilderbücher startet gleich mit vier Bänden: Die Helden dieser Bücher sind Nora und Ben, zwei vergnügte Kinder, die die Welt der Gebärden für sich entdecken. Erfunden wurden die pfiffigen Geschichten von der Freiburger Grafikerin Michaela Wulf-Schäfer.

„Meine ersten Gebärden", „Meine Welt" und „Mein Alltag" enthalten erste einfache Gebärden nach DGS, die hervorragend zum Einstieg in den Bereich der gebärden dienen. Die Bände erscheinen im handlichen Format 15 x 15 cm. Ebenfalls neu erscheint im etwas größeren Format 23,5 x 23,5 cm „Nora und Ben auf dem Spielplatz."

„Nora und Ben: Meine ersten Gebärden", kart., ISBN 978-3-86059-**270-0**
„Nora und Ben: Meine Welt", ca. € 9,90, kart., ISBN 978-3-86059-**271-7**
„Nora und Ben: Mein Alltag", ca. € 9,90, kart., ISBN 978-3-86059-**272-4**
Nora und Ben auf dem Spielplatz, ca. € 14,90
kart., ISBN 978-3-86059-**273-1**

VON LOEPER LITERATURVERLAG
Daimlerstr. 23, D-76185 Kalsruhe, Fon: (0721) 46 47 29-0
Fax: (0721) 46 47 29-99, E-Mail: info@vonLoeper.de www.vonLoeper.de